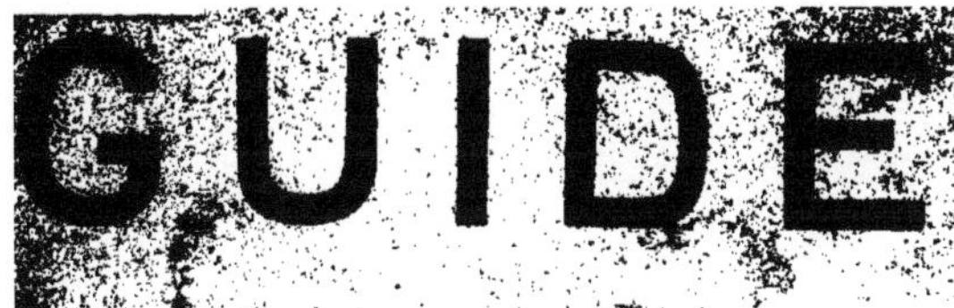

GUIDE

POPULAIRE

DE

EXPOSITION

PRIX : 50 CENTIMES

PARIS
LIBRAIRIE DU PETIT JOURNAL
21, BOULEVARD MONTMARTRE

1867

GUIDE POPULAIRE

DE

L'EXPOSITION

GUIDE

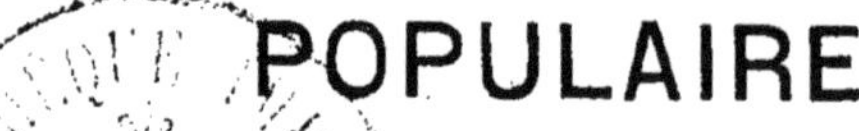

POPULAIRE

DE

L'EXPOSITION

PRIX : 50 CENTIMES

PARIS
LIBRAIRIE DU PETIT JOURNAL
21, BOULEVARD MONTMARTRE

1867

PRÉFACE

L'Exposition universelle, attendue avec tant d'impatience depuis deux ans, est ouverte. Les préoccupations politiques se sont apaisées pour faire place à un avenir de paix et de prospérité.

Dans les villes, dans les campagnes, sur tous les points du globe, chacun se dispose à visiter, dans la capitale de la France, le temple élevé à l'industrie et à la civilisation. Mais pour que cette visite soit utile, pour qu'elle amène les grands enseignements qu'elle comporte, il faut que l'étranger comme le Parisien, le simple curieux comme l'homme spécial, trouvent aisément le pays, l'objet qu'ils cherchent; qu'ils étudient avec méthode, par suite, avec profit, les différentes espèces de produits. Ce résultat était impossible sans un livre qui fût à la fois simple et complet, seules conditions pour qu'il fût pratique, dont la lettre, le format, le prix fussent à la portée de tous, puisqu'il devait s'adresser à tous. Ce livre n'était pas hier, aujourd'hui il existe. Prendre pour ainsi dire le visiteur par la main, le guider au milieu de ce labyrinthe qui renferme des spécimens de toutes les industries, des types de toutes les nationalités, rendre, en un mot, l'étude de l'Exposition facile en la rendant agréable, tel est le but de cet ouvrage, éminemment utile, puisqu'il répond à un besoin général, et qu'il donne pour ainsi dire la clef de cette ville élevée au Champ-de-Mars, sous le nom désormais immortel d'Exposition universelle de 1867.

CHAPITRE PREMIER.

LE PALAIS DE L'EXPOSITION.

Le Palais. — Situation. — Surface. — Forme. — Système de classification : Voies rayonnantes et voies circulaires. — Entrées de l'Exposition. — Grand vestibule. — Jardin central. — Rues du Palais. — Moyen de se diriger dans l'Exposition.

Le palais de l'Exposition occupe la partie moyenne du rectangle, long de 1,000 mètres sur 420 mètres de largeur, que présente le Champ-de-Mars. Composé seulement d'un rez-de-chaussée, il couvre une surface de 146,588 mètres carrés, dont le contour extérieur se compose de deux côtés en ligne droite, longs de 110 mètres, réunis par deux demi-circonférences.

L'aménagement intérieur du Palais répond au système adopté pour la classification des produits. Aux expositions universelles précédentes, on s'était préoccupé inutilement du problème de la classification par groupes de produits similaires sans que les objets exposés par chaque nation fussent disséminés. Ce problème vient d'être résolu. Reproduisant la disposition des tables de Pythagore, un double système de voies de circulation offre, dans le sens longitudinal et parallèle au pourtour du Palais, les objets rangés par nature de produits; dans le sens transversal, c'est-à-dire en se dirigeant du pourtour vers le centre, ces mêmes objets groupés par nationalité. De cette manière, le visiteur, en parcourant une des voies rayonnantes, passera en revue tous les produits d'une même nation, depuis les matières servant à l'alimentation jusqu'aux œuvres d'art, tandis que s'il veut faire la comparaison de produits de même nature il s'engagera dans la galerie affectée à ce groupe de produits et la suivra dans toute son étendue.

Dans chaque section attribuée aux exposants d'une même nation, les objets ont été répartis en 10 groupes et en 95 classes, savoir :

1er Groupe. — Œuvres d'art (classes 1 à 5).

2e Groupe. — Matériel et application des arts libéraux (classes 6 à 13).

3e Groupe. — Meubles et autres objets destinés à l'habitation (classes 14 à 26).

4e Groupe. — Vêtements (tissus compris) et autres objets portés par la personne (classes 27 à 39).

5e Groupe. — Produits (bruts et ouvrés) des industries extractives (classes 40 à 46).

6e Groupe. — Instruments et procédés des arts usuels (classes 47 à 66).

7e Groupe. — Aliments (frais ou conservés) à divers degrés de préparation.

8e Groupe. — Produits vivants et spécimens d'établissements de l'agriculture (classes 74 à 82).

9e Groupe. — Produits vivants et spécimens d'établissements de l'horticulture (classes 83 à 88).

10e Groupe. — Objets spécialement exposés en vue d'améliorer la condition physique et morale des populations (classes 89 à 95).

Huit seulement de ces groupes ont trouvé place dans le Palais. Le groupe VIII, celui de l'agriculture, est exposé soit dans le parc, soit dans l'île de Billancourt. Le groupe IX, celui de l'horticulture, est installé dans le jardin réservé, du côté de l'École-Militaire. Quant au groupe X, qui comprend tous les objets susceptibles d'améliorer la condition des ouvriers, son domaine est dans toutes les galeries, et il occupe à lui seul un secteur entier.

La principale porte du Champ-de-Mars est celle située en face du pont d'Iéna. Nous ne saurions trop conseiller aux visiteurs d'adopter cette entrée la première fois qu'ils iront à l'Exposition. Après avoir suivi la belle avenue, large de 20 mètres, bordée de mâts pavoisés aux couleurs des différentes nations, qui sépare les installations françaises du parc de celles de l'Angleterre, après avoir franchi la porte d'honneur située à l'extrémité du grand axe du Palais, on se trouve dans le vestibule qui offre vraiment un aspect imposant. Le vaisseau n'a pas moins de 35 mètres de hauteur et 15 mètres de largeur. Au-dessous des baies affectées à l'exposition des vitraux peints sont les entrées des galeries circulaires décorées de motifs d'architecture variés ; à droite se trouve l'exposition anglaise, à gauche l'exposition française.

A l'extrémité du vestibule est le jardin central. D'élégantes colonnes soutiennent la marquise qui règne tout autour du jardin ; de grandes portières mettent les promeneurs à l'abri des rayons du soleil. Quatre fontaines jaillissantes répandent une agréable fraîcheur ; au centre s'élève le kiosque affecté à l'exposition internationale des poids et mesures. Dans les allées et sous la marquise sont placées les statues exposées.

Depuis le jardin central jusqu'à la porte qui fait face à l'École-Militaire, le grand axe du Palais n'a plus que 10 mètres et sépare la section prussienne à droite, de la section belge à gauche.

L'entrée la plus rapprochée de Paris et par conséquent la plus encombrée est celle de l'avenue de La Bourdonnaye, qui se compose des trois portes Rapp, La Bourdonnaye et Saint-Dominique. Une marquise s'étend entre ces portes et le Palais et forme ainsi un passage couvert précieux par les temps de pluie. Entre les galeries ont été dessinés deux jardinets au milieu desquels s'élèvent la statue équestre de Don Pedro Ier, fondateur de la dynastie du Brésil et père du souverain actuel, et celle de Charlemagne, revêtu des insignes impériaux, environné de ses leudes.

Là, le visiteur se trouve en pleine section française; s'il suit la belle voie large de 10 mètres qui s'ouvre devant lui, il parcourra le petit axe de la rue de France jusqu'au jardin central; au delà c'est la rue de Russie, entre la section italienne à droite et la section russe à gauche.

Les douze autres voies rayonnantes, larges seulement de 5 mètres ont reçu des noms de rues caractéristiques : ce sont les rues d'Alsace, de Normandie, de Flandre, de Lorraine, de Provence dans la section française; des Pays-Bas, de Belgique, de Prusse, d'Autriche, d'Espagne, d'Afrique, des Indes, d'Angleterre, dans la partie du Palais réservée aux nations étrangères. Toutes ces voies convergent vers le jardin central; sur la marquise, des plaques de bronze portent en gros caractères les noms des rues ainsi que les numéros des différents secteurs avec la désignation des pays auxquels ils sont affectés. De cette façon, il suffit de suivre une rue quelconque, puisque toutes aboutissent au jardin central, et de jeter les yeux sur les plaques indicatrices, pour découvrir la situation du pays qu'on désire visiter. On le voit, si le palais de l'Exposition pèche du côté de l'architecture, il est admirablement aménagé au point de vue de l'installation des produits et des facilités de toute sorte offertes aux visiteurs.

CHAPITRE II.

LA SECTION FRANÇAISE.

La Section française. — Situation. — Surface. — Description des différentes galeries. — Archéologie. — Œuvres d'art. — Matériel des arts libéraux — Mobilier. — Vêtement. — Produits bruts et ouvrés des industries extractives. — Machines. — Établissements alimentaires. — Le dixième Groupe. — Expositions de l'Algérie et des colonies.

La France occupe une surface de 61,314 mètres carrés dans la partie du Palais qui s'étend depuis la porte d'honneur, au nord, jusqu'à la porte située à l'extrémité de la rue des Pays-Bas, au sud-est. La section française est donc la plus rapprochée de Paris; on y pénètre directement par les portes de l'avenue de La Bourdonnaye; elle se trouve à la gauche du visiteur qui entre dans l'Exposition par la porte d'honneur.

Nous le disions à la fin du premier chapitre et nous le répétons de nouveau, il est un moyen d'orientation infaillible, c'est de gagner le jardin central et de se diriger, à l'aide des plaques indicatrices, vers la section qu'on désire visiter. Cette méthode est peut-être un peu plus longue : il est évident, en effet, qu'une personne familière avec les différentes voies de circulation trouvera plus simple de gagner la salle de l'Orfévrerie, par exemple, directement, en suivant la rue de France, que de faire le détour que nous indiquons. Mais le plus grand nombre des visiteurs ignorent absolument l'aménagement intérieur du Palais, et comme c'est principalement à eux que cet ouvrage s'adresse, nous sommes persuadé d'être utile en recommandant ce moyen d'orientation si commode et si simple.

C'est donc le jardin central que nous adoptons comme point de départ pour conduire le visiteur dans les différentes parties de l'Exposition.

La première galerie que l'on rencontre en s'éloignant du jardin central est celle d'archéologie. Si l'on y pénètre par le grand vestibule, on rencontre, d'abord, les ustensiles en os ou en pierre trouvés dans la Gaule avant l'emploi des métaux ; dans les deux salles suivantes, les armes, les bronzes, les monnaies, les bijoux, les manuscrits de la Gaule jusqu'à la fin de la domination romaine. La quatrième salle est consacrée aux objets produits par les Francs sous les Mérovingiens et les Carlovingiens. Le

Moyen Age, la Renaissance, les règnes de Louis XIII et de Louis XIV, celui de Louis XV, le règne de Louis XVI et la Révolution occupent les autres salles.

La deuxième travée de la même galerie renferme les œuvres d'art. En partant du grand vestibule on trouve successivement les *sculptures* et *gravures sur médailles* ; dans la seconde salle, les *terres cuites*, les *miniatures*, les *gravures;* dans la troisième, les *aquarelles*, les *peintures sur émail*, les *lithographies*. Les *peintures à l'huile* remplissent les deux salles suivantes. Les *dessins* et *modèles d'architecture* viennent en dernier lieu.

La deuxième galerie concentrique, consacrée au groupe des ARTS LIBÉRAUX comprend huit classes. La classe 6 (*produits d'imprimerie et de librairie*), 144 exposants; la classe 7 (*matériel du dessin, objets de papeterie*), 207 exposants ; la classe 9 (*épreuves et appareils de photographie*), 175 exposants; la classe 10 (*instruments de musique*), 180 exposants; la classe 8 (*application du dessin et de la plastique aux arts usuels*) 251 exposants; la classe 12 (*instruments de précision*) 112 exposants ; enfin, les classes 13 (*géographie et cosmographie*) 30 exposants; et 11 (*instruments de l'art médical*) 108 exposants.

Passons à la troisième galerie circulaire, celle du MOBILIER. Les *meubles de luxe* (classe 14) se trouvent en entrant ainsi que les *ouvrages de tapissier et de décorateur* (classe 15) ; ces deux classes réunies comptent 230 exposants; viennent ensuite, les *tapis* (classe 18), les *bronzes* (classe 22), 90 exposants, et la *verrerie de luxe* (classe 16),

83 exposants; entre les rues de Paris et de Lorraine sont, à droite, la classe 17, qui comprend deux salles, l'une pour la magnifique *exposition de Sèvres et des Gobelins*, l'autre pour les *poteries de luxe;* à gauche, *l'orfévrerie* (classe 21), 25 exposants. A partir de la rue de Lorraine on trouve, à droite, la *coutellerie* (classe 20), 60 exposants, et la *parfumerie* (classe 25), 62 exposants; à gauche, les *objets de maroquinerie, de tabletterie et de vannerie* (classe 26), 93 exposants; les *appareils d'éclairage et de chauffage* (classe 24), 122 exposants ; et *l'horlogerie* (classe 23), 223 exposants.

Le groupe IV, du VÊTEMENT, est installé dans la quatrième galerie circulaire. En pénétrant dans la galerie par le grand vestibule, on rencontre d'abord les *vêtements confectionnés des deux sexes* (classe 35) 216 exposants; puis les *fils et tissus de lin et de chanvre* (classe 28), 128 exposants. La classe 27, *fils et tissus de coton*, 222 exposants, occupe un vaste emplacement traversé par la rue d'Alsace. Les *laines cardées* (classe 30), 126 exposants, bordent la rue de Normandie. Viennent ensuite les *laines peignées* (classe 29), 195 exposants; les *soies* (classe 31), 282 exposants. Entre les rues de Paris et de Lorraine, le visiteur trouve à droite la *joaillerie et la bijouterie* (classe 36), 132 exposants; et les *fleurs et plumes* (classe 35); à gauche les *armes portatives* (classe 37), 97 exposants; et les *tulles, dentelles et passementeries* (classe 33), 143 exposants. Les quatre angles du carrefour formé par l'entrecroisement de la galerie et de la rue de Provence sont occupés, à droite, par la *bimbeloterie* (classe 39), 46 exposants, et les *objets de voyage et de campement* (classe 38), 95 exposants ; à gauche, par la *bonneterie et la lingerie* (classe 34), 185 exposants, et par la *chaussure* (classe 35).

La galerie des INDUSTRIES EXTRACTIVES comprend cinq classes. Les *produits des exploitations rurales et des industries forestières* (classe 41), 31 exposants, et les *produits agricoles* (classe 43), 249 exposants, sont placés entre le grand vestibule et la rue d'Alsace; puis viennent les *cuirs et peaux* (classe 46), 106 exposants; les *spécimens de teinture et d'apprêt*, (classe 45), 27 exposants; et les salles des produits chimiques, traversées par la rue de Normandie. La portion de la galerie comprise entre les rues de Normandie et de Provence est affectée à l'exposition de la classe 40, *produits de l'exploitation des mines et de la métallurgie*, 355 exposants. La classe 42 (*produits de la chasse, de la pêche et de la cueillette*), 54 exposants, et une autre salle de la classe 46 (*cuirs et peaux*), sont installées de chaque côté de la rue de Provence.

Des trophées de métallurgie, placés à gauche du grand vestibule, indiquent l'entrée de la galerie des machines. Les classes 55 et 56 (*matériel et procédés du filage et de la corderie*), (*matériel et procédés du tissage*), 156 exposants, sont les premières qu'on rencontre. Vient ensuite la classe 59 (*matériel et procédés de la papeterie, des teintures et des impressions*), 111 exposants ; la classe 51 (*matériel des arts chimiques, de la pharmacie et de la tannerie*), 121 exposants; les classes 50 (*matériel et procédés des usines agricoles et des industries alimentaires*), 207 exposants; 48 *matériel des exploitations rurales et forestières*), 169 exposants, et 65 (*Matériel du génie civil, des travaux publics et de l'architecture*) 431 exposants. Le secteur IV, entre les rues de Flandre et de Paris, comprend la classe 64 (*matériel de la télégraphie*), 37 exposants; la classe 66 (*matériel de la navigation et du sauvetage*), 89 exposants, et la classe 63 (*matériel des chemins de fer*), 152 exposants.

Dans la galerie au milieu de la rue de Paris s'élève, à 7 mètres au-dessus du sol, la tribune des orgues. De la rue de Paris à celle des Pays-Bas sont installés successivement le *matériel de la métallurgie* (classe 47), 90 exposants; la *carrosserie* (classe 61), 102 exposants; les classes 53 (*machines et appareils de la mécanique générale*), 276 exposants; 54 (*machines-outils*), 113 exposants; 58 (*confection du mobilier*), 11 exposants; 60 (*machines et procédés divers*), 49 exposants; 57 (*matériel et procédés de la confection des vêtements*), 64 exposants; et enfin la classe 95 (*exposition du travail manuel*), qui fait partie du dixième groupe.

Si l'on parcourt la partie française de la galerie des aliments, qui s'étend tout autour du Palais, en commençant par le secteur I, à gauche de la porte d'honneur, on rencontre successivement le restaurant de M. Rouzé; la pâtisserie de M. Bertrand; les salons français de M. Lavater, comprenant des salons de correspondance et de lecture, des water-closets et des cabinets de toilette ; la brasserie Guillaume Tell, tenue par MM. Otto et Becker ; le buffet de l'Univers, tenu par M. Gousset, glacier ; le restaurant à prix fixe de M. François ; le magasin de chocolats et de thés de la Compagnie française ; l'exposition collective des brasseurs de Strasbourg, les salons de dégustation de différents vins ; la pâtisserie de M. Frottier ; la charcuterie modèle de M. Beuzeboc ; la boulangerie Plouin-Vaury ; la boucherie modèle ; le comptoir des Colonies françaises ; un café maure d'Alger. Des salles pratiquées dans l'épaisseur de la galerie des aliments, entre les rues de Lorraine et de Provence, ont reçu l'exposition des classes 72 (*condiments et stimulants*) ; 73 (*boissons fermentées*) ; 69 (*corps gras*) et 68 (*produits de la boulangerie*).

Nous ne devons point omettre dans le secteur VII, entre les rues de Provence et des Pays-Bas, l'exposition du 10e groupe (*objets spécialement exposés en vue d'améliorer la condition physique et morale de la population*), comprenant sept classes, dont cinq ont trouvé place dans le Palais. Ce sont : les classes 89 et 90 (*matériel et méthodes de l'enseignement des enfants et des adultes*), dans la partie du secteur VII, que traverse la galerie des arts libéraux ; la classe 91 (*meubles, vêtements et aliments distingués par les qualités utiles unies au bon marché*), ainsi que la classe 92 (*spécimens des costumes populaires*), dans les galeries du mobilier et du vêtement. La classe 95, celle du *travail manuel*, se trouve, ainsi que nous l'avons dit, dans la galerie des machines.

C'est également dans le secteur VI que sont installées sur une bande superficielle de peu de largeur, qui s'étend tout le long de la rue des Pays-Bas, les expositions si remarquables des colonies françaises et de l'Algérie, installées par les soins des Ministères de la marine et de la guerre.

CHAPITRE III.

LES SECTIONS ÉTRANGÈRES.

La Section anglaise. — Situation. — Surface. — Produits remarquables. — Restaurants. — Les colonies anglaises : L'Inde, les Bahamas, le Cap de Bonne-Espérance, la Guyane, la Trinité, Malte, l'île Maurice, l'Australie, Vittoria, les Nouvelles-Galles du Sud, le Canada. — *Le Brésil.* — *Les Républiques de l'Amérique centrale et méridionale :* Perou, Chili, Urugay, Paraguay, Confédération Argentine, Venezuela, Bolivie, l'Équateur, Costa-Rica, Nicaragua, Haïti. — *Le royaume Havaïen.* — *Les États-Unis d'Amérique.* — Situation. — Surface. — Produit remarquable. — Restaurant. — *Les Expositions Orientales :* Maroc, Tunis, Perse, Chine, Siam, Japon, Égypte, Turquie. — *Les Principautés danubiennes et les États-Romains.* — *L'Italie.* — Situation, surface, objets remarquables. — Restaurants.

La Section anglaise occupe dans le Palais une superficie de 21,653 mètres carrés, à droite du grand vestibule d'entrée, en face par conséquent de la section française. Les industriels et les artistes de la Grande-Bretagne, de l'Irlande et des colonies anglaises ont répondu avec empressement à l'appel qui leur était fait ; aussi leur exposition est-elle fort brillante.

Les entrées des différentes galeries de la section anglaise s'ouvrent sur le grand vestibule. En partant du jardin central, d'après le système d'orientation adopté par nous, on trouve d'abord la galerie d'archéologie qui renferme des objets très-curieux, notamment une collection d'armes des premiers siècles de notre ère ; puis la galerie des beaux-arts, où sont exposées 163 toiles, parmi lesquelles nous conseillons d'admirer spécialement *le Défi* et *Christophero Shy*, par Orchardson, et *le Payement du loyer*, par Nicol.

La deuxième galerie, celle du matériel des arts libéraux renferme les *produits d'imprimerie* et *de librairie*, remarquables, 50 exposants ; les *objets de papeterie*, 53 exposants ; les *applications du dessin et de la plastique aux arts usuels*, 22 exposants ; la photographie, 106 exposants ; les *instruments de musique*, 24 exposants ; les *appareils et instruments de l'art médical*, 31 exposants ; les *instruments de précision* 29 exposants ; les *cartes et appareils de géographie et de cosmographie*, 7 exposants.

Dans la galerie du MOBILIER on remarque principalement les *meubles de luxe*, 40 exposants ; les *cristaux*, 17 exposants ; les *porcelaines et faïences*, 17 exposants ; *l'orfèvrerie*, 35 exposants ; la *joaillerie et la bijouterie*, 30 exposants ; les *appareils de chauffage et d'éclairage*, 58 exposants ; la *parfumerie*, 25 exposants ; et les *objets de maroquinerie et de tabletterie*, 42 exposants.

La galerie du VÊTEMENT est la plus remarquable de la Section ; les tissus de *coton*, 31 exposants, de *lin et de chanvre*, 9 exposants, de *laine cardée*, 107 exposants, de *soie*, 37 exposants, les *chales*, 4 exposants et surtout les *dentelles*, 33 exposants, excitent l'admiration générale.

Dans la galerie des INDUSTRIES EXTRACTIVES, il faut surtout visiter la classe 40, la première en entrant par le grand vestibule, qui contient les produits de *l'exploitation des mines et de la métallurgie* envoyés par 135 exposants, ainsi que la classe 44 (*produits chimiques et pharmaceutiques*) 108 exposants.

L'industrie du Royaume-Uni est représentée dans la galerie des MACHINES par 675 exposants. Les métiers de filage et de tissage, les pompes, la carrosserie, la sellerie, les appareils de sauvetage et de navigation méritent une attention particulière.

Les restaurants anglais situés au pourtour du Palais sont bien tenus et bien approvisionnés. En parcourant la galerie à partir de la porte d'honneur, on rencontre sucsivement les buffets de Spiers and Poung ; de Trotmann, *au Palais de Cristal ;* de Kirkland, *à la Presse britannique ;* les bureaux de change de MM. John Arthur et Cie, etc.

L'exposition coloniale du Royaume-Uni s'étend sur tout le côté droit de la rue des Indes. Cette exposition est fort remaquable et très-complète ; chaque colonie a envoyé les produits les plus remarquables de son industrie ou de son sol.

En venant du jardin central, on rencontre d'abord l'Inde qui expose des choses admirables, surtout dans la galerie du vêtement ; à côté, les Bahamas, le cap de Bonne-Espérance, la Guyane, la Trinité, Malte, jolie exposition, l'île Maurice, produits agricoles de premier ordre. Plus loin, dans la cinquième galerie, se trouvent les salles de l'Australie et de Vittoria remarquables par leurs minéraux ; dans la nef des machines, les Nouvelles-Galles du Sud. Le Canada, placé à l'extrémité droite de la section britannique, a envoyé la plus belle collection de bois de construction et autres qui soit au Champ-de-Mars.

Les républiques de l'Amérique centrale et méridionale et le Brésil sont situés entre les Colonies anglaises et les États-Unis d'Amérique, et occupent par conséquent la partie moyenne du secteur compris entre les rues des Indes et d'Afrique. Cette exposition couvre une surface de 1,808 mètres répartis en huit salles dans les galeries II, III, IV et V. Trois de ces salles appartiennent au Brésil, dont les produits sont très-remarquables. Trois autres renferment l'exposition collective des républiques du Chili, du Pérou, du Venezuela, de l'Équateur, de Bolivie, du Paraguay, de l'Uruguay, de la Confédération Argentine, de Costa Rica, de Nicaragua, d'Haïti ; les deux dernières salles ont été attribuées au royaume Hawaïen.

Les États-Unis d'Amérique occupent une surface de 2,867 mètres carrés à gauche de la rue d'Afrique. Cette exposition est fort intéressante, surtout au point de vue industriel. Les pianos de MM. Chickering et Steinway, la représentation du système planétaire par M. Barlow, les canons-batteries de M. Colt excitent l'admiration de tous les visiteurs. La collection des minéraux est excessivement remarquable. Quant aux machines, elles se distinguent par leur précision et surtout par la puissance de leurs effets. Dans la galerie du pourtour s'étend le restaurant de MM. Dows Clarck et Wauwiukle; des nègres y servent les boissons usitées dans l'Amérique du Nord : sherry-cobler, coke-tale, soda, etc.

De l'autre côté de la rue d'Afrique, en face de la section américaine, sont installées les expositions orientales, si curieuses et si intéressantes. Une décoration pittoresque et de style varié indique l'entrée des différentes nationalités. Voici tout d'abord le Maroc et Tunis, qui s'étendent le long de la rue d'Afrique sur une bande superficielle de 1,030 mètres carrés ; puis les salles de la Perse, de la Chine, de Siam et du Japon, couvrant une surface de 1,505 mètres carrés. L'Égypte fait face à la Turquie. Une grande affluence de visiteurs se presse continuellement devant ces expositions qui nous initient d'une manière saisissante aux coutumes et aux mœurs de pays si éloignés.

Après la Turquie, on pénètre dans l'emplacement attribué aux Principautés danubiennes et aux États-Romains, qui se sont entendus pour organiser leurs expositions sur le même plan. Cet emplacement couvre 1,108 mètres carrés.

L'Italie occupe 3,249 mètres carrés sur tout le côté gauche de la rue de Russie. Il est indispensable de visiter cette exposition pleine de véritables chefs-d'œuvre artistiques. La galerie des Beaux-Arts, la rue de Russie, les niches de la façade sont remplies par des statues, des groupes admirables, sculptés dans le plus pur marbre de Carare. Il est difficile de faire un choix parmi tous ces chefs-d'œuvre ; mais nous ne pensons pas qu'on puisse voir quelque chose de plus saisissant que la statue de Vincent Vela représentant les derniers jours de Napoléon. Cette statue, que le gouvernement français a acquise immédiatement, se trouve à l'extrémité gauche de la rue de Russie, près du jardin central.

Les salons du mobilier et du vêtement sont pleins de meubles en marqueterie, de mosaïques, de cristaux de Venise, de bijoux en coraux et en filigranes d'argent, d'objets d'art de toute sorte, uniques en leurs genres. — Signalons aussi dans la galerie III, la curieuse vitrine du professeur Brunetti, qui expose des organes conservés d'après la méthode dont il est l'inventeur.

Le pourtour du secteur occupé par ces différentes nations, par conséquent entre les rues d'Afrique et de Russie, est occupé par un café maure, un débit de thé chinois, un café turc, un buffet romain et un café-restaurant italien, tenu par le glacier Vacca.

CHAPITRE IV.

LES SECTIONS ÉTRANGÈRES (suite et fin).

Des sections *Russe, Suédoise, Danoise, Grecque, Portugaise, Espagnole, Suisse.* — Situation. — Surface. — Objets remarquables. — Restaurants. — L'Allemagne : *L'Autriche, les États de l'Allemagne du Sud, la Prusse et les États de la Confédération du Nord.* — Description générale. — *La Belgique et les Pays-Bas :* Situation. — Surface. — Objets remarquables. — Restaurants.

La section russe, installée à droite de la rue de Russie, sur une superficie de 2,853 mètres carrés, ne se distingue pas moins par l'architecture pittoresque de sa façade que par les produits qu'elle renferme. La galerie des œuvres d'art contient 63 tableaux, pour la plupart remarquables, parmi lesquels nous citerons particulièrement : la *Mort de Barbe Radzivill*, par Simmler, *une Revue sous le tzar Michaïlovitch*, par Swertchkoff, le *Passage du Pont du Diable par l'armée russe*, de Kotzebue.

La plus belle salle de l'exposition russe est celle du mobilier; on y remarque des mosaïques de toute beauté provenant de l'établissement impérial de Pétersbourg, des porcelaines, des meubles en lapis-lazuli ornés de mosaïques et de bronzes provenant de la fabrique impériale de Peterhof, mille objets charmants en purpurine, en lapis, en malachite, en obsidienne chatoyante du Caucase.

La cinquième galerie renferme de belles fourrures, et dans la nef des machines est exposé un bloc de malachite pesant 2,150 kilogrammes, extrait des mines du prince Paul Demidoff.

Au pourtour, le restaurant russe tenu par Koretschenko, de Moscou, fournit chaque jour à ses nombreux visiteurs, les tranches de mouton gigantesques, de saumon et de jambon fumés, le caviar, le thé parfumé et les autres boissons caractéristiques qui forment le fonds de l'alimentation du peuple russe.

En sortant de la Russie on trouve la Suède et la Norvége qui couvrent 1,823 mètres carrés, puis le Danemark, qui en occupe 751. La section de Suède et Norvége renferme, entre autres choses remarquables, dans la galerie V, de très-belles fourrures; dans la nef des machines, des engins de pêche, lignes, harpons, filets; enfin, sur toute la façade de la section, une collection fort curieuse des types et des costumes des habitants des différentes provinces des deux royaumes. Les groupes ont un cachet de vérité saisissant; on croirait qu'ils vont s'animer. C'est là sans contredit une des principales curiosités de l'Exposition.

Les sections de la Grèce et du Portugal sont placées en face l'une de l'autre, immédiatement après celle du Danemark. Les meubles et faïences portugais sont dignes d'attention; la collection des costumes helléniques très-riche. L'Espagne, qui vient ensuite, occupe sur tout le côté gauche de la rue d'Espagne une surface de 1664 mètres carrés; la salle du mobilier renferme des poteries du pays et de beaux meubles en marqueterie; celle du vêtement, des étoffes lamées d'or et des costumes nationaux très-frais et très-riches. Au pourtour, depuis le restaurant russe jusqu'à la rue d'Espagne, se trouvent le buffet suédois, le buffet danois, un débit de tabac et un café espagnol.

A droite de la rue d'Espagne est l'exposition suisse, une des plus belles qu'il y ait dans le Palais. La façade, sur toute sa longueur est tapissée de magnifiques broderies faites à la main ou à la mécanique. Une de ces broderies représente le château d'Arenemberg; dans les vitrines on admire ces charmants objets en bois sculpté, que produit l'industrie helvétique.

Le salon du mobilier suisse, tout entier tapissé de broderies, renferme des meubles dignes d'attention et l'horlogerie qui est restée à la hauteur de sa réputation, ce qui est tout dire. Le salon du vêtement, une merveille, soutenu par des colonnes de velours bleu-ciel, tapissé de broderies en point de Saint-Gall recouvert d'un velum admirable, renferme les soieries, la bijouterie, les dentelles. — Enfin, dans la nef des machines, se trouvent les moteurs hydrauliques, les machines et les métiers à filer le coton de M. Jacob Rieter.

Les beaux-arts suisses sont installés dans une annexe, dans le parc; le café possède des absinthes et des vermouths de première qualité.

Les trois sections de l'Autriche, de l'Allemagne du Sud et de la Prusse occupent, chacune, une égale surface de 7,880 mètres carrés. Dans la section autrichienne méritent d'être signalées particulièrement la salle de l'archéologie, qui contient une belle collection d'armes, de bijoux, de cristaux des premiers siècles, et les deux salles du mobilier. Il suffit de jeter les yeux sur ces charmants objets en bois, en bronze, en cuir, sur ces magnifiques cristaux que produit la Bohême, sur ces splendides tapis, pour être convaincu que, sous le rapport du goût et de la perfection du travail, Vienne n'a rien à envier à Paris.

N'omettons pas, dans la galerie du vêtement, les draps, les soieries, la bijouterie, la ganterie; dans celle des machines, les instruments agricoles. Au pourtour, dans les brasseries de Schwechat, appartenant à M. Dreher, et de Hüttelsdorf, tenue par M. Fanta, se boit la fameuse bière de Vienne, qui justifie sa réputation d'être la première du monde.

Dans les États de l'Allemagne du Sud, il convient de signaler particulièrement les belles glaces de Manheim et les horloges de la Forêt-Noire dans la IVe galerie; les locomotives et une magnifique pierre lithographique, exposées par la Bavière dans la nef des machines. La Bavière possède trois établissements dans la galerie des aliments : les brasseries Spatenbraü et Nesser et le restaurant Deininger.

L'exposition de la Prusse, le dernier des États allemands s'étend jusqu'à la rue de Belgique; elle comprend, en même temps, celle des États de l'Allemagne du Nord, c'est-à-dire la Saxe royale, la Hesse, et les villes Anséatiques.

Cette exposition est fort brillante dans toutes les galeries. Les objets sur lesquels l'attention doit se porter plus particulièrement, sont, parmi les œuvres d'art, les tableaux de Schlesinger, de Camp Hausen, de Knaus, de Lasch ; dans la IIe galerie, les pianos ; dans la galerie III, du mobilier, les porcelaines de Saxe provenant de la fabrique royale de Meissen, les porcelaines et faïences prussiennes, l'orfévrerie, la fontaine parfumée de Johann Maria Farina, dans laquelle chacun peut tremper son mouchoir ; la galerie du mobilier renferme l'exposition de ces belles toiles que produit l'industrie allemande, principalement l'industrie saxonne. Les minéraux prussiens sont remarquables ; il existe surtout une pyramide de blocs de sel gemme de toute beauté. Dans la nef du travail, chacun s'arrête devant les canons monstres fabriqués dans les usines de M. Krupp, à Essen. Le plus gros pèse 70,000 kilogrammes avec son affût. Les machines sont, en général, ingénieusement inventées et bien construites. Nous en dirons autant des wagons prussiens et allemands qui sont aménagés avec un soin des voyageurs tout particulier.

La galerie de pourtour contient l'exposition des sucres et des cigares du Zollverein, des vins de la Moselle, de la Sarre et du Rheingau et, enfin, le restaurant prussien de Karl Becker.

A droite de la rue de Belgique, en face de la section prussienne, se trouve la section belge qui couvre une surface de 6,881 mètres carrés. En fait d'œuvres d'art, nous ne citerons dans le Palais qu'une chaire en bois admirablement sculptée placée à l'extrémité de la rue de Belgique ; les tableaux se trouvent dans une annexe, dans le parc. Les meubles, les tapis de Tournay et d'Ingelmunster sont fort beaux. Mais la partie la plus remarquable de cette exposition est le salon des dentelles ; la Belgique a voulu se surpasser et y a réussi. En pénétrant dans la galerie IV, du vêtement, par la rue de Belgique, on trouve à gauche ce salon ainsi que celui où sont installées les armes portatives. Les machines belges sont nombreuses et fort intéressantes. Là se trouve une des plus puissantes machines qui soit dans le Palais ; c'est une machine verticale soufflante destinée à donner de l'air dans les hauts fourneaux; elle sort des ateliers de John Cockerill à Seraing.

Enfin l'espace qui sépare l'exposition belge de celle de la France, est occupé par les Pays-Bas. On admire dans cette section, des imitations de tapis turcs faites à Deventer, et quelques-unes de ces toiles magnifiques dont s'enorgueillit l'industrie hollandaise ; dans la galerie de pourtour, de gracieuses Frisonnes, revêtues du pittoresque costume national, servent ces liqueurs de Wynaud Focking renommées dans le monde entier.

Comme la Belgique, la Hollande a dans le parc un bâtiment spécial pour ses tableaux.

La rue des Pays-Bas sépare la section néerlandaise de l'exposition de l'Algérie, c'est-à-dire de la France. Nous avons fait le tour complet du Palais en décrivant les différentes nationalités et en mentionnant les principaux objets qui méritent d'être signalés à l'attention des visiteurs. Ainsi se trouve terminée la première partie de notre tâche ; les chapitres suivants sont consacrés à la description des établissements situés dans le parc.

CHAPITRE V.

LE PARC.

Le Parc. — Surface. — Dispositions générales. — Le quart français. — Situation. — Principales avenues. — Différents établissements — Les avenues d'Iéna, de Bourgogne et de Guyenne. — Grand-Boulevard. — Boulevard du Nord. — Le Lac. — Le Phare. — L'Église. — Le Théâtre. — La Photographie. — La Berge. — Le Port.

Le parc qui entoure le Palais de l'exposition se développe sur toute la surface du Champ-de-Mars restée libre, trente hectares environ. Il est affecté à l'exposition des groupes VIII et IX ainsi qu'aux différents établissements que leurs dimensions et les exigences de leur installation ne permettaient pas de placer dans le Palais.

Le parc est divisé par le prolongement des axes du Palais en quatre parties égales. L'une d'elles est entièrement consacrée aux établissements français ; c'est de celle-là que nous nous occupons dans ce chapitre.

Le quart français occupe la partie N. E. du Champ-de-Mars et se trouve par conséquent limité par le quai d'Orsay et l'avenue de La Bourdonnaye ; il est à la gauche du visiteur qui entre dans l'enceinte de l'Exposition par la grande porte située en face du pont d'Iéna. En suivant la belle avenue qui s'étend depuis cette porte jusqu'au Palais, on trouve successivement l'*exposition métallurgique des forges de Comentry*, la *Photosculpture*, la *fabrique de vitraux* de M. Maréchal, de Metz et le *Pavillon Impérial* où MM. Duval et les autres exposants qui ont obtenu de participer à la décoration, ont réalisé des merveilles de magnificence et de goût.

A l'extrémité de chacune des rues du Palais prend naissance une avenue de 5 mètres de largeur qui se dirige, en serpentant au milieu des buissons d'arbustes et de fleurs, jusqu'aux extrémités du Champ-de-Mars. Ces diverses avenues portent des noms caractéristiques de province ou de pays inscrits sur des mâts peints et pavoisés aux couleurs des différentes nations. Dans le quart français, on trouve l'avenue de Bourgogne à l'extrémité de la rue d'Alsace, l'avenue de Guyenne à l'extrémité de la rue de Normandie.

Le long de l'avenue de Bourgogne sont installés, à gauche, en partant du Palais : la *maison des ouvriers de Mulhouse* ; une fabrique de *poteries émaillées* : un atelier de *galvanoplastie* ; l'*exposition du Ministère de la guerre* où l'on admire un arsenal complet d'armes, de canons, de caissons, de tentes, ainsi que la collection des costumes militaires de l'armée française ; l'*exposition de la Société internationale de secours aux blessés*, dont les ingénieux appareils, voitures-ambulances, brancards, cacolets, caisses de remèdes, que protége le pavillon blanc orné d'une croix rouge, pavillon désormais inviolable au milieu des champs de bataille, forme un contraste consolant avec les terribles engins de destruction qu'on voit à côté. A droite de la rue de Bourgogne sont : *un modèle de maison ouvrière*, une *scierie mécanique* de bois, les pavillons qui renferment les soieries et les riches cachemires de MM. Frainais et Gramagnac, un *débit de tabac*, une *fabrique de porcelaine et de céramique*.

Dans l'avenue de Guyenne, on trouve, à gauche : la *maison modèle des ouvriers de Paris*, construite d'après les plans et indications d'un comité d'ouvriers délégués, à l'aide d'une somme de 20,000 francs donnée par Sa Majesté l'Empereur ; plus loin l'*exposition des pierres meulières*; à droite, l'exposition impériale des plans de la *nouvelle machine de Marly*, construite d'après les indications de l'Empereur, et l'annexe des appareils de chauffage et d'éclairage.

Ces différentes avenues sont coupées à une distance de 60 mètres du Palais par une belle allée large de 15 mètres, partout parallèle au pourtour de l'édifice, qui porte le nom de Grand-Boulevard. C'est entre cette allée et le

Palais que sont établis les générateurs de vapeur qui transmettent la force motrice aux machines placées dans la grande nef. Si l'on s'engage dans le Grand-Boulevard en quittant l'avenue d'Iéna, on trouve à droite une *usine électro métallurgique*, une *stéarinerie*, le *carillon mécanique* dont les airs joyeux se font entendre tous les quarts d'heure; à gauche, *la crèche* : c'est dans ces berceaux recouverts de rideaux blancs que sont couchés les petits enfants privés des soins de leurs père et mère; charitable et bienfaisante institution qui fait le plus grand honneur à ses organisateurs; plus loin, l'exposition des outils employés pour la fabrication des meubles et celle des presses typographiques.

Le long de l'avenue de La Bourdonnaie, depuis la porte Rapp jusqu'à celle de l'Université, s'étend le boulevard du Nord; là se trouvent, à droite, les annexes de plusieurs classes du sixième groupe, celui des arts usuels, dont les produits n'ont pu trouver place dans le Palais. Ce sont les hangars du *matériel du génie civil et de l'architecture*, du *matériel des chemins de fer*, la *boulangerie générale* de M. Lebaudy; les annexes de la classe 40 (*métallurgie*), de la classe 54 (*machines — outils*) de la classe 53 (*machines et appareils de la mécanique générale*), de la classe 47 (*matériel et procédés de l'exploitation des mines et de la métallurgie*), de la classe 24 (*appareils et procédés de chauffage et d'éclairage*).

A gauche du Grand-Boulevard, nous trouvons, près

de la porte Rapp, le châlet de la Commission impériale, un vrai bijou, construit par MM. Huret, entrepreneurs; une machine à fabriquer le papier; une presse typographique; la manutention civile et militaire de M. Vaurin, et enfin la magnifique exposition métallurgique du Creuzot.

Aucun procédé de décoration n'a été oublié dans le parc du Champ-de-Mars. Près du Palais un château d'eau représentant une tour en ruines alimente une petite rivière qui, après avoir tracé mille courbes gracieuses, va se jeter dans un lac situé près de la Seine. Au milieu du lac se dresse, sur une base de rochers, le beau phare à feux tournants et à éclats destiné aux Roches-Douvres. Entre le lac et la porte d'Iéna est l'église construite par une société d'industriels de Beauvais pour contenir l'exposition des objets du culte catholique; près de l'église se trouvent la stéarinerie et la cristallerie, où le visiteur voit couler immédiatement sous ses yeux des verres, des carafes, etc.

A gauche du boulevard du Nord est le théâtre international qui contient 1,000 places et qui jouera pendant toute la durée de l'Exposition, sous la direction de M. Reynier, le répertoire des principaux opéras français et étrangers. Un peu plus loin le luxueux établissement de M. Pierre Petit, le photographe privilégié de la Commission impériale.

La berge de la Seine fait partie de l'Exposition; elle est reliée au Champ-de-Mars par un talus gazonné qui passe sous le pont d'acier construit sur le quai d'Orsay. A gauche de ce talus, sous les hangars de la classe 66, sont installés les machines marines et les appareils élévatoires qui fournissent l'eau nécessaire aux besoins de l'Exposition. A droite du talus sont les hangars de la classe 66 bis, qui comprend les yachts, les embarcations de tout genre, construits pour la navigation de plaisance, les appareils de sauvetage, les cloches et appareils à plongeur; plus loin, le curieux *aquarium humain* que M. Rouquayrol-Denayrouze a fait construire pour y expérimenter ses appareils à plongeur. Enfin, à l'extrémité droite, le restaurant des Princes, qui jouit d'une vue ravissante sur la rivière.

Un petit port, indiqué par des balises flottantes, est installé devant la berge. Une tourelle de feux de port et un mât à signaux en signalent l'entrée. Là est amarrée une nombreuse flottille d'embarcations de plaisance, parmi lesquelles nous citerons les yachts de S. M. l'Impératrice, de S. A. I. le prince Napoléon, de S. A. le prince Oscar de Suède, la dahabié du vice-roi d'Égypte. Toute cette partie de l'Exposition est fort intéressante, et nous ne saurions trop conseiller aux visiteurs de l'étudier avec le soin qu'elle mérite.

CHAPITRE VI.

LE PARC (suite).

Les Établissements étrangers dans le parc. — Le Cercle international. — La Salle de conférences. — *La Section anglaise.* — L'Exposition religieuse, militaire et industrielle de la Grande-Bretagne. — *Les Etablissements américains.* — Le Temple de Xochilcago. — *Les Expositions orientales.* — Le Bardo. — La Tente marocaine. — Le Jardin chinois. — Les Établissements japonais et siamois. — *La Section égyptienne.* — Salle d'exposition des travaux de l'Isthme de Suez. — Salamlik. — Okala. — Temple de Philoë. — Les Écuries des chameaux et des ânes. — *La Section turque.* — Mosquée. — Kiosque du Bosphore. — Bain turc. — L'Église roumaine. — Le Pavillon des catacombes de Rome. — Le Passage de la gare. — Les Annexes agricoles de la Grande-Bretagne et des États-Unis. — La berge.

La partie du parc qui s'étend à droite de l'avenue d'Iéna est presque exclusivement occupée par les établissements de la Grande-Bretagne et des différentes nations orientales. Les États-Unis et l'Italie y possèdent deux portions de terrain de faible étendue. La France s'y est réservé, le long du quai d'Orsay, une bande superficielle de peu de largeur. C'est là que se trouvent la belle *exposition métallurgique des usines de Saint-Chamond et de Rive-de-Gier*, à MM. Petin et Gaudet ; le *Cercle international*, magnifique établissement destiné aux exposants, installé avec un luxe et un soin du confort tout particuliers, pourvu d'une table d'hôte à prix fixe, où tout le monde peut s'asseoir, et environné de riches magasins ; la *Salle de conférences* ; les beaux calvaires en granit exposés par M. Hernott, sculpteur à Lannion (Côtes-du-Nord), et, enfin, le *Café-concert*, où de charmantes Bavaroises servent aux consommateurs la liqueur mousseuse d'Outre-Rhin.

La Grande-Bretagne a dans le parc une exposition religieuse, une exposition militaire et une exposition industrielle. La société des Missions évangéliques a fait construire cinq pavillons en face du Cercle international. Trois de ces kiosques renferment les ouvrages édités par la Société Biblique, l'exposition des bibles et antiquités hébraïques et celle des publications populaires religieuses: Les deux autres pavillons sont affectés à une école du dimanche évangélique et à une salle de conférences religieuses.

L'exposition militaire de la Grande-Bretagne est installée sous trois hangars ; celui qui se trouve le plus proche de l'avenue d'Iéna renferme les armes, les engins et les munitions de guerre provenant de l'industrie privée ; le second hangar renferme les armes et les équipements militaires exposés par le ministère de la guerre; le troisième est affecté à une caserne-hôpital.

En face du pavillon impérial, un cottage élégant, recouvert de plaques de faïence vernissée, et meublé comme le sont les habitations de campagne en Angleterre, renferme l'exposition des appareils de chauffage et d'éclairage; derrière sont installés, sous un hangar soutenu par des colonnettes en terre cuite, les générateurs de force motrice et la parfumerie modèle de Rimmel; enfin, le phare anglais est encore inachevé.

L'emplacement affecté aux États-Unis est occupé par une maison de fermier américain, une tente indienne, une école, un cottage et une tente-hôpital.

Ce monument, de forme étrange, recouvert d'hiéroglyphes bizarres, est la reproduction du temple mexicain de Xochilcago, qui renferme l'exposition des antiquités mexicaines et autres recueillies par M. Mehedin dans ses longues et savantes explorations.

Les constructions des pays orientaux forment un heureux contraste avec les établissements anglais et américains, fort intéressants à la vérité, mais qui pèchent absolument par le côté pittoresque. Dans ce coin du Champ-de-Mars se trouvent réalisées les merveilles des *Mille et une Nuits*. Le Maroc, Tunis, l'Égypte, la Turquie, ont répondu à l'appel de la France avec une magnificence dans laquelle on doit voir une preuve incontestable de l'ascendant et du prestige qu'exerce notre patrie, même chez les nations les plus éloignées et les plus étrangères à notre civilisation.

Cet élégant palais mauresque qui s'élève à l'angle nord-ouest du Champ-de-Mars est la reproduction exacte du *Bardo*, le palais du bey Sidi-Sadeck, à Tunis. C'est là que le bey doit habiter pendant toute la durée de son séjour à Paris. L'intérieur du palais est meublé avec une richesse et un luxe extraordinaires. Au rez-de-chaussée se trouvent les habitations des gardes, les écuries, un café maure et plusieurs bazars où sont mis en vente les produits des diverses industries indigènes.

A côté du *Bardo* est installée une tente marocaine divisée, suivant l'usage, en trois compartiments. C'est dans le premier, le plus vaste, ouvert à tous d'après les lois de l'hospitalité musulmane, que sont reçus les hôtes ; les deux compartiments du fond servent à la vie intérieure ; les femmes, les enfants y sont renfermés, et, seul, le maître a le droit d'y pénétrer.

En face de l'Afrique, l'Asie, représentée par la Chine, l'empire Siamois et le Japon. Le jardin chinois est une des grandes curiosités de l'Exposition : il renferme un musée, un restaurant, un débit de thé et un théâtre. Le musée, rempli d'objets uniques dans leur genre, puisque tous proviennent du Jardin d'été, est installé au rez-de-chaussée, et le restaurant occupe la terrasse du pavillon principal, copie fidèle, minutieuse d'un des quarante-six pavillons du Jardin d'été, celui où l'Empereur allait prendre le thé. A gauche, dans un kiosque élégant, deux Chinoises jeunes et jolies, et qui plus est, authentiques (elles n'ont pas coûté moins de 16,500 francs dans le Céleste-Empire), vendent du thé de grande marque, du véritable thé impérial. Enfin, au fond du jardin, est le théâtre, où des comédiens, des jongleurs chinois et indiens donnent chaque soir des représentations fort suivies.

A droite et à gauche du jardin chinois sont deux kiosques renfermant diverses curiosités japonaises. Plus loin, vers la gauche, se trouve le pavillon construit pour les deux éléphants blancs que le roi de Siam a envoyés à l'Exposition.

L'exposition égyptienne comprend cinq édifices qui se distinguent par la vivacité de leurs couleurs et le caractère original de leur architecture. Le pavillon d'exposition de l'isthme de Suez contient les plans du canal, les reproductions des appareils employés, ainsi que les objets découverts ; on s'y rend exactement compte du point d'avancement où en sont les travaux de cette gigantesque entreprise. Le salemlik du vice-roi est un charmant pavillon surmonté d'une coupole du style arabe le plus pur, peint en dehors de grandes bandes blanches et bleues, suivant la mode orientale ; à côté du salemlik, et faisant partie du même corps de bâtisse, est la salle des plans, où se trouve exposée la carte en relief de l'Égypte.

Une allée de sphinx en granit conduit au temple de Philoë, qui renferme les objets provenant du musée de Boulâk. Les colonnes, de forme légèrement pyramidale, représentent des tiges de lotus ; tous les murs extérieurs et intérieurs sont recouverts de peintures hiéroglyphiques admirables ; les inscriptions ont été moulées sur nature et fidèlement reproduites.

Un peu plus loin est l'*okala*, spécimen d'habitation du Caire et de la Haute-Égypte ; les maisons de ce genre sont disposées principalement en vue d'échapper à la chaleur. Le milieu de la maison est occupé par une cour intérieure environnée de boutiques ; à l'entrée, on trouve un café arabe. Entre le temple de Philoë et l'okala, la commission égyptienne a fait ériger la statue de Champollion. Enfin, derrière le salemlick, sont installées les écuries qui renferment les chameaux blancs et les hémiones envoyés par le vice-roi.

L'exposition turque comprend une mosquée, un kiosque du Bosphore et un établissement de bains. La mosquée du Champ-de-Mars est une réduction de celle de Brousse ; les détails d'ornementation ont été copiés avec un soin scrupuleux. Elle est surmontée d'une coupole et d'un minaret. C'est du haut du minaret que chaque soir, à cinq heures, la face tournée vers le couchant, le muezzin appelle les fidèles à la prière.

Le kiosque élégant qu'on voit à côté est une reproduction de ces charmantes maisons de plaisance qui sont disséminées le long du Bosphore, sur la côte d'Asie. Le milieu est occupé par un salon meublé à l'orientale, couvert de ces beaux tapis dont l'Europe n'a pu encore arracher le secret à la Turquie, entouré d'un divan aux couleurs éclatantes ; au centre, une petite fontaine lance un jet d'eau parfumée dans un bassin d'albâtre. Enfin, l'établissement de bains turcs s'élève à peu de distance sur le point le plus rapproché du Palais.

Les Principautés danubiennes ont demandé et obtenu dans le parc un espace sur lequel a été construite une chapelle, diminutif d'une église roumaine. On la reconnaît aisément à ses trois coupoles, revêtues de couleurs brillantes, et aux peintures religieuses qui en décorent la façade.

Le plan en relief des catacombes de Rome est exposé près de la porte Suffren, dans un bâtiment construit à cet effet. Un portique couvert qui s'étend sur toute la longueur de l'avenue de Suffren relie le Palais à la gare, située en dehors du Champ-de-Mars, sur le quai. A droite de ce passage sont les annexes des machines agricoles et industrielles de la Grande-Bretagne et des Etats-Unis d'Amérique ; on y remarque plusieurs appareils très-ingénieux et fort intéressants.

Entre le Cercle international et la Salle des conférences débouche un tunnel qui, passant sous le quai, met la berge en communication avec le Champ-de-Mars. Sur la berge sont installés les machines marines et les appareils de sauvetage anglais. Les yachts, les canots et les embarcations de plaisance des différents pays étrangers sont à couvert sous des hangars flottants. Enfin, à l'extrémité de la berge, on trouve le restaurant français de M. Leubel et l'*American Bar* de M. Cameron.

CHAPITRE VII.

LE PARC (suite).

Les Sections étrangères. — *La Russie.* — La Poste. — L'Ijbah. — L'Yourta. — Les maisons de Suède et de Norvége. — Le Chalet des beaux-arts suisses. — *Le Village Autrichien.* — Les terres cuites et les bois des forêts autrichiennes. — Les Annexes coloniales de l'Espagne et du Portugal. — *Le Jardin prussien.* — La statue du roi Frédéric-Guillaume. — Les Établissements allemands. — La salle des beaux-arts de la Bavière. — *La Section belge.* — La Salle des beaux-arts. — La Porte d'Anvers. — Les habitations ouvrières. — Les Annexes des machines industrielles et agricoles. — *La Section hollandaise.* — La Taillerie de diamants. — La Ferme. — La Tente de campement. — La Salle des beaux-arts.

La partie du parc limitée par les avenues de Suffren et de Lamotte-Picquet comprend les installations de la Russie, de la Suisse, de la Suède et de la Norvège, de l'Autriche, de la Prusse et de l'Allemagne. Près de l'École-Militaire se trouve l'exposition d'agriculture dont nous nous occupons dans le chapitre suivant.

Les établissements russes se trouvent à droite des portes de l'avenue de Suffren. Dans cette partie du parc, le boulevard du Sud, qui longe l'avenue de Suffren, représente une grande route de la Sibérie. Le grand mât rayé blanc et noir est un poteau de werste. A droite est la maison de poste où sont logés les chevaux de l'empereur Alexandre. Le bâtiment est en bois, construit avec de grosses poutres qui s'emboîtent les unes dans les autres, soigneusement calfeutré d'étoupe et décoré de bordures en bois découpé. Les chevaux appartenant à cette race célèbre que produit l'Ukraine, proviennent des différents haras impériaux. On y voit des étalons, des juments, des chevaux hongres, de selle et de trait. Les écuries sont ouvertes au public tous les jours de 1 heure à 3 heures ; les chevaux sont promenés en main dans le parc les mardis, jeudis et samedis, à 4 h. 1/2.

En face des écuries est l'izbah, maison hospitalière appartenant généralement à quelque propriétaire cultivateur. Ce bâtiment, construit, comme le premier, avec de grosses poutres rondes, est composé de deux corps de logis reliés par un hangar couvert qui abrite les traîneaux, les chariots et les instruments aratoires. A côté de l'izbah est une yourta, ou tente de cosaque du Don, formée avec d'épaisses étoffes de laine ornées d'une broderie rouge.

Non loin de l'izbah, une maison construite d'après le même type d'architecture, bien qu'avec de nombreuses différences, remarquable surtout par la mousse ou lichen qui pousse sur le toit, et qui est destinée à la nourriture des animaux durant l'hiver, est la reproduction fidèle de l'habitation de Gustave Wasa pendant son exil en Dalécarlie. A côté est une maison ouvrière norvégienne, habitée par une famille de paysans qui s'y livrent aux travaux de leur industrie, principalement à la confection des filets et autres engins de pêche.

Traversons le Grand-Boulevard. Ce bâtiment construit en forme de chalet, remarquable par la singularité de ses couleurs et par l'ornementation de sa façade, renferme les beaux-arts de la Suisse. Cent douze tableaux y sont exposés, parmi lesquels il convient d'appeler spécialement l'attention du visiteur sur *la Reine Bacchanale*, de Zuber-Bülher. Derrière se trouve l'annexe des machines agricoles suisses, qui contient des appareils très-perfectionnés.

A gauche du Grand-Boulevard, on rencontre le village autrichien, une des créations les plus pittoresques de l'Exposition. Le village affecte la forme d'un hémicycle. Au centre est le grand restaurant construit par M. Dreher sur la forme de sa brasserie de Kleinschwechat, près Vienne. Tout autour sont disposées de petites maisons ouvrières représentant les types d'architecture des différentes provinces de l'empire. C'est ainsi qu'on peut visiter successivement les maisons du Tyrol, de la Hongrie, reconnaissables au cep de vigne qui en décore la façade, de la haute et de la basse Autriche. Au fond la boulangerie modèle de M. Ulh, qui fabrique ce pain viennois renommé à juste titre comme le meilleur du monde.

A côté du village, cette pyramide élevée sur une plateforme, reconnaissable aux lions couchants et aux sphinx qui semblent en garder l'entrée, constitue l'exposition des poteries et terres cuites autrichiennes. On y voit des œuvres tout à fait remarquables. En face on a la magnifique exposition des bois provenant des forêts de la couronne, les cloches et la maison ouvrière de Bohême construite par M. Liebig.

Derrière l'Autriche se trouvent les édifices renfermant les expositions coloniales de l'Espagne et du Portugal. Le palais espagnol, d'une architecture imposante et sévère, flanqué de deux tours carrées, a été construit sur le modèle de l'hôtel de Castillanos, à Séville. Il renferme les productions des Philippines, des Mariannes, de Cetta, de Porto-Rico et les richesses inépuisables de la Havane. L'annexe portugaise est un charmant pastiche architectural du seizième siècle. De sveltes colonnettes soutiennent le dôme à huit pans qui surmonte le pavillon principal. A l'intérieur sont installées les productions de Madère, du Cap-Vert, de Mozambique, de Goa, de Macao.

Le parc prussien s'étend près du Palais, en face de la section prussienne. Il est aménagé avec beaucoup de goût; on sait, du reste, que les Allemands s'entendent admirablement à la décoration des jardins. Un étang en occupe le centre; tout autour on admire les magnifiques plates-bandes de jacinthes de Berlin. Devant l'étang, un joli pavillon dont l'architecture se rapproche du style oriental est destiné à recevoir S. M. le roi Frédéric-Guillaume. A gauche du pavillon, on trouve une maison d'école prussienne ; à droite, la face tournée vers la grande avenue qui mène du Palais à l'Ecole-Militaire, la gigantesque statue équestre en bronze du roi, œuvre du sculpteur Drake.

Derrière la section prussienne, entre le Grand-Boulevard et l'exposition agricole, se trouvent les annexes des machines agricoles wurtembergeoises et prussiennes, une maison d'école saxonne, et la salle des beaux-arts de la Bavière.

Parmi les 211 tableaux qu'on y voit, nous citerons particulièrement *la Mort de César*, par Karl Piloty, œuvre très-dramatique, et un beau paysage d'automne, par Lier. Mais ce qui mérite surtout de fixer l'attention, c'est l'admirable collection de dessins : l'œuvre capitale de M. Kaulbach représentant l'époque de la Réformation a remporté une grande médaille.

A côté se trouve l'annexe du matériel des chemins de fer, des machines diverses et de la carrosserie belges. C'est là un empiètement pacifique de la part de la Belgique dont le parc s'étend à gauche de l'avenue de l'École Militaire, en face de l'emplacement qu'elle occupe dans le Palais. Ce bâtiment soutenu par d'élégantes colonnes est la salle des beaux-arts belges qui mérite une attention particulière. Tous les maîtres contemporains belges y ont envoyé leurs œuvres; aussi l'ensemble est-il excessivement remarquable. Nous recommandons particulièrement aux visiteurs de s'arrêter devant les tableaux de Leys exécutés dans le genre de l'ancienne peinture flamande; devant ceux de Dillens représentant des scènes de la vie frisonne, devant les admirables marines de Clays et surtout devant la collection des œuvres de Florent Willems.

A droite et à gauche de la salle des beaux-arts sont les statues équestres de Beaudoin de Flandre et de Léopold Ier, père du souverain actuel. Derrière, en passant sous la porte monumentale, reproduction d'une des portes d'Anvers, on trouve la rotonde qui contient les machines agricoles et deux maisons d'ouvriers belges.

L'exposition hollandaise se compose de quatre bâtiments : la taillerie de diamants de M. Coster, qui initie le visiteur aux différentes phases de la taille. Le diamant, débarrassé des matières étrangères qui l'enveloppent, est scellé à l'étain dans une coquille en cuivre maintenue elle-même dans une tenaille en acier; puis on le soumet à un frottement circulaire dû à un mouvement de rotation très-rapide imprimé à une plate-forme en acier doux sur laquelle on a préalablement répandu de la poussière de diamant et de l'huile. Chacune des faces est présentée à la plate-forme et successivement usée. C'est ainsi que la matière, sans valeur à l'état brut, devient sous les yeux du public la pierre précieuse dont le nom seul éveille toutes les convoitises du luxe et de la fantaisie.

Plus loin, on voit une ferme hollandaise divisée en deux corps de logis, l'un d'habitation, l'autre d'exploitation, aménagée avec le soin et la propreté qui caractérisent les fermes néerlandaises, et pourvue de tous les ustensiles nécessaires. Enfin, en continuant de suivre le Grand-Boulevard, vers la porte de l'avenue Rapp, une tente de campement contenant les canons et les caissons envoyés par le ministère de la guerre et le bâtiment des beaux-arts hollandais. Nous ne saurions faire un meilleur éloge de ce petit musée qu'en disant qu'il contient beaucoup de bons tableaux, parmi lesquels des œuvres tout à fait remarquables, mais pas un mauvais. Nous citerons particulièrement les combats de cerfs de Martinus; l'admirable collection des Izraël; les Alma-Tadema; les David Bles et surtout le tableau de Bishop, *la Prière*, un chef-d'œuvre.

CHAPITRE VIII.

LES EXPOSITIONS D'HORTICULTURE ET D'AGRICULTURE.

Le Jardin d'horticulture. — Surface. — Situation. — Les Serres. — Les Aquariums. — La Rivière. — Le Lac. — Les Kiosques. — Le Pavillon de la musique. — Le Repos de S. M. l'Impératrice. — Le Restaurant Gousset. — L'Exposition d'agriculture. — Situation. — Surface. — Différents Établissements. — Le Buffet-omnibus. — L'Annexe agricole de Billancourt.

Le jardin d'horticulture occupe une surface de 50,000 mètres carrés, dans le quart du parc compris entre les avenues de La Bourdonnaie et de Lamotte-Picquet. Ce coin du Champ-de-Mars est certainement la partie la plus délicieuse de l'Exposition. C'est là, qu'après une longue promenade dans les galeries du Palais, les visiteurs doivent se retirer pour trouver le repos, l'ombre et la fraîcheur.

Les serres où sont installées les plantes exposées sont au nombre de quatorze. Au milieu d'elles s'élève le jardin d'hiver, construit par M. Dormois, véritable monument de fer et de verre. C'est là que se trouvent les végétaux auxquels leurs dimensions ne permettaient pas l'accès des autres serres. En avant s'étend un vestibule immense, soutenu par des lances en bois doré, et recouvert de riches tentures en soie et en velours. Les plantes sont renouvelées tous les quinze jours, et l'Exposition verra le défilé complet de la flore européenne tout entière.

Il y a deux aquariums dans le jardin réservé. Celui d'eau de mer, ouvert au public depuis peu de temps seulement, est une construction qui fait honneur à son architecte, lequel a dû triompher de toutes les difficultés que lui opposaient les mouvements d'un sol factice.

Il est orné de stalactites d'un heureux effet ; enfin une disposition ingénieuse permet d'étudier les poissons sous toutes les faces : d'en haut, d'en bas, de côté.

L'aquarium d'eau douce renferme dans des bacs en cristal, hermétiquement clos d'après la méthode du constructeur, M. Betencourt, une collection très-complète de poissons de rivières : truites, carpes, brochets, anguilles, saumons, écrevisses. L'eau est sans cesse renouvelée, la nourriture abondante et judicieusement distribuée ; aussi les habitants de cet aquarium sont-ils pleins d'animation et de vie.

Entre les deux aquariums, une petite rivière serpente au milieu des tapis de verdure et de massifs de fleurs. Devant le jardin d'hiver, une cascade jaillit d'un groupe de rochers factices et précipite ses eaux dans un joli lac tout couvert de plantes aquatiques.

Les kiosques pullulent dans ce jardin ; chaque industriel a tenu à honneur d'y voir figurer ses produits. Les kiosques de MM. Tronchon, Carré, Thiry, Grassin-Balédans se distinguent par leur bon goût et par la délicatesse du travail. Il faut citer aussi la volière où s'ébattent de jolis colins d'Amérique, et le pavillon des glaces, destiné primitivement à recevoir une colonie de colibris, mais demeuré sans destination.

Dans le fond du jardin s'élève le pavillon de la musique, où les orchestres des différents régiments de la garnison de Paris viennent successivement se faire entendre, chaque jour, de trois à cinq heures. En face, on trouve le café-restaurant de M. Gousset, le seul qu'il y ait dans tout le jardin, et par conséquent le mieux situé de l'Exposition. Aussi, la foule élégante l'a-t-elle adopté comme son rendez-vous de prédilection.

Nous ne saurions terminer cette description sans parler du kiosque de repos de Sa Majesté l'Impératrice, une véritable merveille de magnificence et de goût, décoré par M. Penon, tapissier, et par plusieurs autres exposants. Ce pavillon, de forme octogonale, est décoré à l'extérieur de briques émaillées bleu, vert et jaune ; une frise en terre cuite, qui fait tout le tour de l'édifice, suspend au-dessus de chaque fenêtre un médaillon en faïence, surmonté de la couronne impériale, et portant la lettre E, enlacée de myrtes sur fond d'azur. Le dôme est en chêne recouvert d'ardoises et couronné par une pomme de pin ; les balcons sont en fer forgé et en tôle repoussée.

A l'intérieur, les panneaux représentent des sujets allégoriques peints sur satin ; les meubles sont peu nombreux, d'une grande harmonie de tons et d'une délicatesse infinie. En un mot, le pavillon de M. Penon est la perle de cet écrin immense qu'on appelle l'Exposition.

En face du jardin horticole, de l'autre côté de l'avenue située dans l'axe de l'École-Militaire, s'étend, sur une bande superficielle d'un hectare, l'emplacement réservé aux produits vivants et aux spécimens d'établissements d'agriculture. Le visiteur qui parcourt cette partie de l'Exposition rencontre, en entrant par la Grande-Avenue, l'exposition agricole du département de Seine-et-Marne ; là, de belles vaches logées dans une étable modèle fournissent aux amateurs du lait frais à toute heure ; à côté, se trouve l'annexe de la classe 95, où l'on admire les poteries usuelles et les magnifiques faïences d'art de la fabrique de Gien. Plus loin, le parc à volailles, des couches à champignons, les objets de campement de la maison Walker, un pavillon pour la dégustation des vins, l'exposition des appareils balnéaires ; un spécimen des caves à fromage de Roquefort, une volière basse-cour remplie d'une multitude d'animaux domestiques, une ferme modèle, le hangar du comice agricole du département du Nord, un autre hangar pour les cultures locales ; une tonnellerie où l'on voit des foudres de dimensions colossales ; les machines agricoles exposées par les colons d'Algérie.

Adossé à l'avenue de Lamotte-Picquet se trouve le buffet-omnibus, installé par les soins de la Société d'encouragement, où les ouvriers délégués et toutes les personnes auxquelles la modicité de leurs ressources interdit l'entrée des restaurants de l'Exposition trouvent, à prix réduit, une excellente nourriture.

Une partie seulement des appareils et des établissements d'agriculture est installée au Champ-de-Mars. La véritable exposition agricole est à l'île de Billancourt, qui, destinée d'abord à servir de champ d'expériences, est devenue, par suite du grand nombre de demandes adressées par les constructeurs de machines et les éleveurs d'animaux, une annexe très-importante de l'Exposition du Champ-de-Mars.

L'île de Billancourt, d'une contenance de 23 hectares à peu près, est divisée en deux parties par une grande route qui la traverse, et qui est reliée par deux ponts à la terre ferme. La partie en aval des ponts est affectée à un vaste champ d'expériences, où les exposants peuvent faire fonctionner leurs instruments sous les yeux du public. Celle en amont renferme les machines agricoles et les étables dans lesquelles ont lieu les expositions d'animaux.

La collection des instruments aratoires est très-complète et, à plusieurs points de vue, fort remarquable. Les fabricants anglais ont tenu à être représentés d'une façon tout à fait exceptionnelle ; leurs machines se font remarquer par la puissance de leurs effets, non moins que par la précision et le soin apportés dans l'exécution.

Quatre bâtiments d'une construction rustique et pittoresque à la fois, renfermant chacun cinquante stalles, servent d'abri aux animaux exposés. C'est là que, pendant toute la durée de l'Exposition, se succèdent les plus beaux échantillons des différents animaux domestiques français et étrangers. La durée de chaque concours est de quinze jours.

Il existe différents moyens de se rendre à l'île de Billancourt. Nous conseillerons particulièrement aux visiteurs de prendre les bateaux à vapeur qui partent toutes les demi-heures du Pont-Royal, ou les voitures de la Compagnie du chemin de fer américain, qui se rendent à Sèvres ou à Versailles.

CHAPITRE IX.

RENSEIGNEMENTS ET ITINÉRAIRE DANS L'EXPOSITION.

Moyens de transport. — Chemin de fer. — Omnibus. — Chemin de fer américain. — Bateaux à vapeur. — Tapissières. — Entrées. — Prix d'entrée. — Cartes d'abonnement. — Billets de semaine. — Itinéraire dans l'Exposition. — *Première journée :* la Section française dans le Palais et dans le Parc. — *Deuxième journée :* L'Angleterre, les États de l'Amérique du Sud, les États-Unis, les Pays orientaux. — *Troisième journée :* La Russie, la Suède et la Norvége, le Danemark, le Portugal, l'Espagne, la Suisse, l'Autriche, l'Allemagne, la Prusse, l'Exposition d'agriculture. — *Quatrième journée :* la Belgique et la Hollande, le Jardin horticole.

Nous terminerons cet ouvrage en indiquant aux visiteurs les moyens nécessaires pour se rendre à l'Exposition et pour la visiter avec méthode, c'est-à-dire avec profit.

Les moyens de transport ne manquent pas entre les différents points de la capitale et le Champ-de-Mars. On peut opter entre le chemin de fer, les bateaux à vapeur, les omnibus et le railway américain.

CHEMIN DE FER.

Gare St-Lazare.

Départ de Paris. — Un départ toutes les heures (aux heures et 20 min.), à partir de 7 h. 20 du matin. Le dernier départ a lieu à 8 h. 20 du soir.

Retour (gare du Champ-de-Mars). — Un départ toutes les heures (aux heures et 25 min.), à partir de 8 h. 25 du matin. Le dernier départ a lieu à 11 h. 25 du soir. Un train supplémentaire part à 5 h. 57.

Des trains supplémentaires sont aussi organisés pour le dimanche.

OMNIBUS.

Les lignes d'omnibus desservant l'Exposition sont les suivantes :

1° La ligne Y, de Grenelle à la porte Saint-Martin, dépose les voyageurs à la porte de Tourville, en allant vers Grenelle, et les prend à la porte de Suffren en allant à la porte Saint-Martin ;

2° La ligne Z, de Grenelle à la Bastille, stationne à la porte de Tourville ;

3° La ligne AC, de la petite Villette, stationne à la porte La Bourdonnaie ;

4° La ligne AD, du Château-d'Eau, stationne porte La Bourdonnaie, au coin de la rue de l'Université, à peu de distance de la porte Rapp ;

5° La ligne A, de Passy à Auteuil, passe au pont d'Iéna (rive droite) ;

6° La ligne B, allant au chemin de fer de l'Est, stationne au pont d'Iéna (rive droite);

7° La ligne supplémentaire allant de la Madeleine à la porte Rapp ;

8° La ligne supplémentaire allant de Saint-Sulpice à la porte Rapp ;

9° La ligne supplémentaire allant du Palais-Royal à la porte Rapp.

Le service commence à 7 h. 1/2 du matin et se termine à 11 h. 1/2 du soir. Les intervalles entre les départs sont en moyenne de 5 minutes, mais ils sont moins longs aux heures d'affluence.

CHEMIN DE FER AMÉRICAIN.

Il part de la rue du Louvre, en face de la colonnade, et de la place de la Concorde, pour aller à Sèvres et Boulogne en passant devant l'Exposition. — Le passage des voitures à 50 places a lieu toutes les 10 minutes.

La Compagnie du chemin de fer américain a monté un service spécial de voitures à 50 places, entre le pont d'Iéna et le Palais-Royal, avec des départs très-rapprochés les uns des autres.

BATEAU A VAPEUR OMNIBUS.

Ce service se fait entre le pont d'Austerlitz et le pont d'Iéna. Les départs ont lieu à partir de 8 heures du matin. Les derniers ont lieu à 7 heures du soir du pont d'Iéna, et à 7 h. 10 du pont d'Austerlitz.

Les départs ont lieu toutes les dix minutes.

TAPISSIÈRES.

Un grand nombre de tapissières, menant à tous les points de Paris, se trouvent aux principales portes de l'Exposition aux heures de sortie.

ENTRÉES.

Le tarif des entrées est fixé ainsi qu'il suit :

1° Entrée de l'Exposition (palais et parc), par toutes les portes, excepté la porte de Tourville, à partir de 10 heures (heure de l'ouverture générale), jusqu'à la clôture du parc, 1 fr.

N. B. — Les personnes qui veulent étudier d'une façon particulière et éviter la grande foule peuvent entrer à partir de 8 h. du matin ; le prix de l'entrée est alors fixé de la manière suivante : de 8 à 10 heures du matin par la porte de la gare, la grande porte et la porte Rapp, 2 francs.

Passage de l'enceinte du palais dans le jardin d'horticulture, 50 cent.

Entrée directe dans le jardin d'horticulture par la porte de Tourville, comprenant l'entrée à l'Exposition et l'entrée au jardin d'horticulture, avant 10 heures, 2 fr. 50 ; après 10 heures, 1 fr. 50.

Des cartes d'abonnement, nominatives et personnelles, et valables pour toute la durée de l'Exposition, sont mises à la disposition du public.

Le prix d'abonnement est fixé à :

60 fr. pour les dames ;

100 fr. pour les hommes.

Les cartes d'abonnement donnent le droit :

1° D'entrer, tous les jours, dans le parc du Champ-de-Mars, dans le palais et le jardin aux heures d'admission générale du public et aux heures réservées;

2° De visiter, sans rétribution, les expositions à péages spéciaux;

3° De visiter l'exposition agricole et les champs d'expérience de l'île de Billancourt.

Des guichets spécialement destinés aux abonnements sont établis à toutes les portes, excepté aux portes La Bourdonnaie (n° 4); — Saint-Dominique (n° 5) ; — Kléber (n° 9) ; — de Suffren (n° 10).

Toutefois, les abonnés munis de cartes revêtues de leur photographie seront admis par toutes les portes sans exception. Le bureau des abonnements est situé au pavillon du commissariat général, avenue de La Bourdonnaie, n° 2.

4.

BILLETS DE SEMAINE.

Des billets de semaine sont mis à la disposition du public. Ces billets nominatifs et personnels sont délivrés tous les jours et donnent droit, pour le jour où ils sont pris et les six jours suivants, aux mêmes avantages que la carte d'abonnement.

Le prix des billets est fixé à 6 francs.

Ces billets sont délivrés au pavillon du commissariat général, avenue de La Bourdonnaie, n° 2.

Des cartes d'abonnement et de semaine sont délivrées maintenant au Grand-Hôtel et à l'hôtel du Louvre, aux mêmes prix et aux mêmes conditions que celles que l'on peut se procurer au Champ-de-Mars.

Ces indications préliminaires une fois données, nous allons les compléter par des renseignements qui permettront au visiteur, pourvu qu'il s'y conforme, de voir l'Exposition d'une manière complète dans le plus court espace de temps possible et que nous fixerons à quatre jours.

Le premier jour, l'étranger fera bien de choisir pour entrer dans l'Exposition la grande porte, située en face du pont d'Iéna. Il suivra la belle avenue surmontée du velum, et, franchissant la porte d'honneur du Palais, se trouvera dans le grand vestibule. Il le parcourra dans toute son étendue jusqu'à son extrémité. Là, tournant à gauche, il pénétrera dans la galerie de l'histoire du travail dont il visitera les différentes salles, situées dans la section française. Arrivé à la rue des Pays-Bas, il passera dans la galerie des œuvres d'art et la parcourra dans le sens opposé à celui qu'il vient de suivre, c'est-à-dire de manière à se retrouver dans le grand vestibule. Il fera de même pour les galeries des arts libéraux et du mobilier, du vêtement et des industries extractives, des arts usuels et des restaurants, en ayant toujours soin de suivre une galerie jusqu'à la rue des Pays-Bas pour passer dans la suivante qu'il parcourra dans le sens opposé, de manière à se retrouver toujours dans le grand vestibule.

Après avoir passé ainsi en revue la section française tout entière, le visiteur pénétrera dans le quart français du parc. Nous avons décrit au chapitre IV de cet ouvrage les différents établissements qui s'y trouvent situés. Pour revenir à Paris, on a les omnibus à la porte Rapp et les bateaux à vapeur sur la berge.

Le second jour le visiteur étudiera dans le Palais les sections de l'Angleterre, des États de l'Amérique du Sud, des États-Unis, des pays orientaux et de l'Italie; dans le parc, le quart compris entre le quai d'Orsay et l'avenue de Suffren. A cause de sa proximité de cette partie de l'Exposition, le chemin de fer fournira un moyen de locomotion très-commode.

La troisième journée sera réservée à la Russie, à la Suède et à la Norvége, au Danemark, à l'Espagne et au Portugal, à la Suisse, à l'Allemagne et à la Prusse; en dehors, aux établissements des mêmes pays, ainsi qu'à la visite de l'exposition d'agriculture.

La Belgique et la Hollande, dans le Palais et dans le parc, ainsi que le jardin d'horticulture, seront réservés pour la quatrième journée.

C'est ainsi qu'en se conformant à nos indications, il devient possible de visiter l'Exposition dans un laps de temps beaucoup moindre que celui qui serait nécessaire si l'on entreprenait cette étude sans méthode. Le *Guide populaire de l'Exposition* justifie ainsi entièrement son titre, et nous ne doutons pas que l'opinion générale n'en confirme l'utilité.

TABLE DES MATIÈRES.

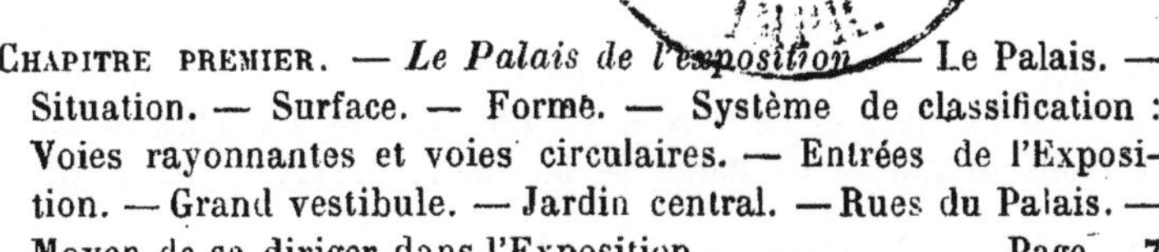

Clichy. — Imp. de Maurice Loignon et Cie, 12, rue du Bac-d'Asnières.

Clichy. — Imp. de Maurice Loignon et Cie, rue du Bac-d'Asnières, 12.

www.ingramcontent.com/pod-product-compliance
Ingram Content Group UK Ltd.
Pitfield, Milton Keynes, MK11 3LW, UK
UKHW020354180726
13839UKWH00003B/1092

9 782329 583419